रूमी
जीवन, विचार एवं कविताएं

विशेक

Copyright © Vishek
All Rights Reserved.

This book has been published with all efforts taken to make the material error-free after the consent of the author. However, the author and the publisher do not assume and hereby disclaim any liability to any party for any loss, damage, or disruption caused by errors or omissions, whether such errors or omissions result from negligence, accident, or any other cause.

While every effort has been made to avoid any mistake or omission, this publication is being sold on the condition and understanding that neither the author nor the publishers or printers would be liable in any manner to any person by reason of any mistake or omission in this publication or for any action taken or omitted to be taken or advice rendered or accepted on the basis of this work. For any defect in printing or binding the publishers will be liable only to replace the defective copy by another copy of this work then available.

उस प्रेम को समर्पित जो हम सब के भीतर ही मौजूद है,
लेकिन उसे हम आदतन बाहर तलाशते रहते हैं।

क्रम-सूची

1. दो शब्द — 1
2. रूमी: जीवन परिचय — 4
3. रूमी के विचार — 8
4. रूमी की कविताएं — 38
5. तुम्हारे पास पंख हैं — 40
6. मेरे दरवाजे पर कौन है? — 41
7. इजिप्ट जो वास्तव में नहीं है — 43
8. तुम्हारा प्रेम — 44
9. यदि तुम धैर्य रखो — 45
10. सुख का एक पल — 46
11. आजीवन — 47
12. जल की शुद्धता में — 48
13. ईश्वर का संदेश — 49
14. तुम्हारे प्रेम से बाहर — 50
15. प्रेम में — 51
16. कितनी देर — 52
17. अंत में — 53
18. प्रेम जीवन जल है — 54
19. एक मोमबती है — 55
20. सिर्फ सांस — 56
21. शांति — 57
22. प्रेम के बिना — 58

क्रम-सूची

23. चांद और अंधकार — 59
24. आत्माओं का समुदाय — 60
25. गत रात्रि — 61
26. हृदय की सुंदरता — 62
27. मोमबत्ती — 63
28. प्रिय का जीवन जल — 64
29. दो दोस्त — 65
30. तुम्हारी पहली आंखें — 66
31. यह जो अभी हमारे पास है — 68
32. दो दुकानों की देखभाल — 69
33. एक पुरुष और एक महिला — 71
34. सोलोमन से शीबा — 75
35. एक दूरी — 76
36. छाती में गुफा — 77
37. पहली प्रेम कहानी — 78
38. जब मैं तुम्हारे साथ था — 79
39. मैं तुम्हें देखना चाहता हूँ — 80
40. ओह! आत्मा — 81
41. अकेलापन — 82
42. बेसुध मत रहो — 83
43. वफादार — 84
44. दुःख — 85

क्रम-सूची

45. कलाकार	86
46. प्रेम लापरवाह है	87
47. तुम नहीं जान पाओगे	88
48. प्रेमी	89
49. चांद और खिड़की	90
50. क्या तुम जानते हो?	93
51. एक दिन	94
52. जो कुछ भी खो गया है	95
53. मैं मर गया था	96
54. सम्पादक एवं अनुवादक के बारे में	97
55. संदर्भ-सूची	99

1. दो शब्द

विश्व प्रसिद्ध और इक्कीसवीं सदी में सर्वाधिक लोकप्रिय एवं पढ़े जाने वाले पारसी कवि जलालुद्दीन रूमी की कविताएं उनके जीवन की तीन प्रमुख स्थितियों को भावनात्मक रूप से रेखांकित और उद्घाटित करती हैं। जिसके क्रम में रूमी का शम्स-ए-तबरेज़ी से मुलाकात, जुदाई और ईश्वर में एकात्म हो जाना शामिल है।
इस पुस्तक में रूमी के जीवन के उपरोक्त तीन महत्वपूर्ण परिस्थितियों से जुड़ी हुईं कविताओं को शामिल किया गया है। हालांकि इन कविताओं का रूमी के जीवन के क्रमानुसार क्रमिक रूप से क्रमबद्ध नहीं किया गया है। ऐसा इसलिए नहीं किया गया है क्योंकि कविताओं को एक पाठक किस मानसिक स्थिति से आत्मसात करता है यह महत्वपूर्ण होता है। इस स्थिति में यह मायने नहीं रखता है कि कविताओं का क्रम क्या है, बल्कि यह मायने रखता है कि कविताओं का भावनात्मक और व्यक्तिपरक प्रभाव कितना व्यापक और प्रभावशाली है।
इस पुस्तक में शामिल की गईं रूमी की कविताएं पाठक को एक ऐसे आलोक में लेकर जाएंगी जहां एक पाठक अपने भीतर छिपे हुए साहस, व्यक्तित्व, समग्रता, एकात्मकता, जीवन की जिजीविषा, उदासी का महत्व, प्रेम की सार्थकता, अनुग्रह और अनुकम्पा की मौलिकता और ईश्वर एवं स्वयं का एकात्म स्वरूप से रूबरू होगा। रूमी

की यही समग्रता वर्तमान समय में भी इन्हें लोकप्रिय बनाये हुए है। जैसा कि रूमी स्वयं कहते भी हैं कि "तुम मात्र एक बूंद नहीं हो बल्कि एक बूंद में समग्र सागर हो।" किसी भी व्यक्ति के व्यक्तित्व की यह सार्थकता होती है कि वह अपने इस एक बूंद में सागर को कैसे परिलक्षित करता है। फिर चाहे वह इसके लिए प्रेम का मार्ग अपनाए या किसी के मार्गदर्शन में ईश्वर को पाने के लिए अग्रसर हो या फिर प्रेम की पूर्णतया को प्राप्त करने के बाद ईश्वर में एकात्म हो जाये। यह सभी रास्ते किसी भी व्यक्ति को एक बूंद में सागर बनने के लिए ही बनाये गए हैं ताकि वह अपने विशिष्ट गुणों और सामर्थ्य की तलाश कर सके जो उसके भीतर ही मौजूद है।

हम जीवन में बाहरी तौर पर लोगों, समाज और संबंधों में इतने घुलनशील होते हैं कि हम यह भूल जाते हैं कि हमारे भीतर की उपस्थिति हमारे जीवन के लिए कहीं अधिक मायने रखती है। बाहरी अन्वेषण की हमारी प्रवृत्ति हमें इस गूढ़ रहस्य से दूर ले जाती है कि हम जो कुछ भी बाहर तलाश रहे हैं वह हमारे भीतर ही मौजूद है। रूमी ने इसी तलाश को लेकर लिखा है कि "जो कुछ भी तुम तलाश रहे हो, तुम्हारे भीतर ही मौजूद है।" इस कथन की सत्यता हमारे भावनाओं की उथलपुथल से सिद्ध होती है। जिन भावनाओं का उदगम और नष्ट दोनों ही स्थल हमारे भीतर ही है। अगर इसी बात को जिज्ञासा के स्तर पर देखें तब भी सवालों के बनते क्रम और उनके जवाबों के लिए खुद की तलाश ही सही और सटीक उत्तर प्रदान करती है। रूमी, रूमी के विचारों और कविताओं पर जितना विचार विमर्श किया जाए उतना ही कम है। जितना लिखा जाए

उनकी विवेचनाओं के अर्थ उतने ही भिन्नता को उद्घाटित करते हैं। इसलिए रूमी के विचारों के अर्थों, कविताओं के भावों और जीवन के आलोक से आप स्वयं रूबरू होइए। रूमी और उनकी समग्रता अब आपके समक्ष है। कहीं कहीं अनुवाद, शब्दों एवं अर्थों में गलतियां दिखाई दें तो उसके लिए क्षमाप्रार्थी हूँ। पुस्तक अब आपके हवाले, सुझावों के लिए मेल कर सकते हैं।

शुक्रिया
विशेक

ईमेल आईडी:- vishekgour@gmail.com

2. रूमी: जीवन परिचय

सूफ़ी रहस्यवादी कवि जलालुद्दीन रूमी का जन्म 30 सितंबर 1207 में फारस देश के सुप्रसिद्ध नगर बल्ख में हुआ था। जिसे अब अफगानिस्तान के नाम से जाना जाता है। रूमी के पिता शेख बहाउद्दीन एक मौलवी और इस्लाम धर्म के उपदेशक थे। सन 1218 में फारस के तत्कालीन राजा के साथ विवाद होने और मंगोलों के आक्रमण से बचने के लिए रूमी के पिता ने परिवार सहित बल्ख छोड़ दिया था। बल्ख छोड़ने के बाद वह टर्की के नगर अनाटोलिया पहुँचे हालांकि इसके बाद रूमी और उनका पूरा परिवार हमेशा के लिए कोन्या चला गया।

सन 1240 के आस पास रूमी के पिता की मृत्यु होने के बाद रूमी अपने पिता के पद पर एक मौलवी और धर्म के उपदेशक के रूप में नियुक्त कर दिए जाते हैं और इस तरह से रूमी की सामाजिक जीवन की शुरुआत होती है। जल्द ही रूमी जाने माने इस्लाम के उपदेशक और विद्वान के रूप में प्रसिद्ध हो गए। और खुद को सामाजिक मसलों में शामिल करने लगे और लड़ाई-झगड़ों को सुलझाने लगे। धीरे धीरे रूमी के अनुयायी बनने लगे। रूमी के अनुयायियों में मुस्लिम साहित्यकार, धर्मशास्त्री, सूफ़ी, ईसाई और ज्युश के साथ ही सुन्नी शासक भी शामिल थे।

रूमी के जीवन में आश्चर्यजनक बदलाव 30 नवम्बर 1244 के दिन आया। जब रूमी की मुलाक़ात कोन्या की

सड़क पर सूफ़ी रहस्यवादी शम्स-ए-तबरेज़ी से हुई। हालांकि इतिहासकारों के भिन्न-भिन्न तथ्यों और दृष्टिकोणों ने रूमी और शम्स-ए-तबरेज़ी की मुलाक़ात के कई पहलुओं को रेखांकित किया है। मसलन कई इतिहासकार यह मानते हैं कि रूमी और शम्स-ए-तबरेज़ी की मुलाक़ात सबसे पहले सीरिया में हुई थी। इसी के साथ रूमी और शम्स-ए-तबरेज़ी के मुलाक़ात की वार्ता को लेकर भी इतिहासकारों का भिन्न-भिन्न मत है लेकिन जो एक मत सर्वविदित और सर्वमान्य है वह यह है कि जब रूमी और शम्स-ए-तबरेज़ी की मुलाक़ात हुई थी। तब रूमी कुछ पुस्तकें पढ़ रहे थे और रूमी को पढ़ता हुआ देख जब शम्स-ए-तबरेज़ी ने पूछा कि "तुम क्या पढ़ रहे हो?" तब रूमी ने कहा कि "मैं कुछ ऐसा पढ़ रहा हूँ जो तुम समझ नहीं सकते हो।" रूमी के इतना कहते ही एक चमत्कार घटित हुआ जिसने रूमी को भीतर से झकझोरकर रख दिया।

शम्स-ए-तबरेज़ी से अपनी मुलाक़ात को लेकर रूमी ने बाद में लिखा कि "जिसे मैं पहले ईश्वर समझता था, आज मैं उससे एक मनुष्य के रूप में मिला हूँ।" शम्स-ए-तबरेज़ी से मिलने के बाद रूमी अथाह प्रेम और अनुग्रह से भर गए और इसका परिणाम यह हुआ कि वह जल्द ही अपने परिवार और शिष्यों को अनदेखा करने लगे और धीरे-धीरे यह स्थिति आ गई कि वह उन्हें भूलने लगे।

शम्स-ए-तबरेज़ी किसी ख़ास समुदाय से सम्बंध नहीं रखते थे। शम्स-ए-तबरेज़ी का व्यक्तित्व बेहद सौम्य और अनुकरणीय था। हालांकि मुलाक़ात के बाद बहुत जल्द ही शम्स और रूमी के मध्य गहरी मित्रता हो गई और कब शम्स रूमी के मार्गदर्शक बन गए इसका आभास तक रूमी

को नहीं हो पाया। एक मार्गदर्शक के तौर पर शम्स ने रूमी से कहा कि वह धर्मशास्त्र और शिक्षा पर प्रश्न खड़े करते हुए ईश्वर में एकाग्र होने पर ज़ोर दें। इसके उपरांत जल्द ही रूमी ने ईश्वर से निष्काम भाव से प्रेम करना शुरू कर दिया। हालांकि जिस प्रकार से रूमी ईश्वर को प्रेम करते थे तथा शम्स के बताए रास्ते पर चलते थे, उससे रूमी के परिवार तथा उनके शिष्यों को असहमति और तकलीफ़ होती थी। इसी दौरान सन 1248 में एक दिन दो आदमियों ने शम्स को यह कहते हुए रूमी से बहुत दूर ले गए कि उन्हें किसी ने बुलाया है। हालांकि इसके बाद शम्स कभी वापस नहीं लौटे। शम्स के कई सालों तक वापस नहीं लौटने पर यह मान लिया गया कि शम्स मर चुके हैं और दफना दिए जा चुके हैं। इतिहासकारों का मत है कि रूमी के बड़े बेटे तथा शिष्यों ने ही शम्स को मारा था। परंतु रूमी इस बात से अनिभिज्ञ रहते हैं। शम्स के बिन बताये चले जाने की पीड़ा रूमी सहन नहीं कर पाते हैं और कई सालों तक बेचैनी, परेशानी, हताशा और निराशा में अपना जीवन बिता देते हैं। हालांकि यह बेचैनी, परेशानी, हताशा और निराशा रूमी को अध्यात्म और ईश्वर की ओर उन्मुख करने में सहायक सिद्‌ध होती है। इससे पहले कि रूमी ईश्वर अध्यात्म में लीन हों वह एक बार शम्स की तलाश करने जाते हैं। शम्स की तलाश में रूमी कोन्या से दमिश्क शहर के अंतिम छोर तक चले जाते हैं लेकिन उन्हें शम्स नहीं मिलते हैं। अंततः वह सच्चाई को स्वीकार कर लेते हैं और वापस कोन्या लौट आते हैं। कोन्या लौटने के पश्चात रूमी को जल्द ही इस बात का अहसास हो जाता है कि वह जिसके पीछे-पीछे भाग रहे हैं,

जिसकी तलाश कर रहे हैं, वह कहीं और नहीं बल्कि उनके भीतर की मौजूद है। जब रूमी को इस बात का अहसास होता है वह जल्द ही अपने भीतर के अथाह प्रेम को कविताओं, रुबाइयों, गज़लों, गीतों तथा विचारों के माध्यम से इस संसार में ढुलकाने लगते हैं।

सन 1273 की शुरुआती दिनों में रूमी बीमार पड़ने लगे और अपनी मृत्यु का अनुमान लगाने लगे। इसी दौरान उन्होंने अपनी प्रसिद्ध गज़लों की रचना की और अंततः 17 दिसम्बर 1273 के दिन कोन्या में उनकी मृत्यु हो गई। जब रूमी की मृत्यु हुई तब वह 66 वर्ष के थे। रूमी की मृत्यु ने समाज के हर धर्म, समुदाय और सम्प्रदाय को शोकाकुल कर दिया। मृत्यु के पश्चात रूमी के पार्थिव शरीर को उनके पिता की कब्र के ठीक बगल में दफनाया गया। रूमी को सर्वाधिक लोकप्रियता मसनवी की रचना से मिली है। मसनवी रूमी द्वारा रचित छह खंडों की एक श्रृंखला है। जिसमें कुल 25 हज़ार दोहे हैं। मसनवी को विश्व साहित्य में सर्वाधिक रहस्यवादी कविताओं की पुस्तक के रूप में जाना जाता है। जो यह बताता है कि प्रेम के द्वारा ईश्वर तक कैसे पहुँचा जाए।

3. रूमी के विचार

1

सूर्य की तरह अनुग्रह और दयावान बनो
उस रात की तरह बनो जो दूसरों की खामियों को ढकती है
बहते जल की तरह उदार बनो
मृत्यु की तरह बनो, आक्रोश और क्रोध के लिए
पृथ्वी की तरह बनो, शालीनता के लिए
जो हो वह दिखो
जिस तरह तुम दिखते हो

2

प्रेम की तलाश करना तुम्हारा काम नहीं है।
लेकिन तुम्हारा काम सिर्फ इतना है कि
तुम अपने भीतर के अवरोधों की खोज करो।
जो तुमने अपने विरुद्ध बनाएं हैं।

3

अनैतिक और नैतिक विचारों से परे एक मैदान है।
मैं तुमसे वहाँ मिलूंगा।

4

घाव वह जगह हैं जहाँ से रौशनी तुम्हारे भीतर प्रवेश करती है।

5

छोटे होने का नाटक बंद करो।
तुम गतिमान तथा आनंदमय रूप में ब्रह्मांड हो।

6

जो तुम तलाश रहे हो। वह तुम्हें तलाश रहा है।

7

जिस क्षण मैंने अपनी पहली प्रेम कहानी सुनी।
मैंने तुम्हारी तलाश करनी शुरू कर दी,
यह न जानते हुए कि यह कितना मूर्खतापूर्ण है।
प्रेमी अंततः कहीं नहीं मिलते,
वह हमेशा एक साथ एक दूसरे के पास रहते हैं।

8

शोक व्यक्त मत करो, जो भी तुम खोते हो,
वह किसी अन्य रूप में तुम्हारे पास आ जाता है।

9

अगर तुम हर परिस्थिति से खीझ जाते हो,
तो ऐसे में तुम्हारा व्यक्तित्व रूपी दर्पण कैसे परिष्कृत होगा?

10

जब तुम टूटकर बिखर जाओ, तो नाचो।
यदि तुमने अपने ज़ख्म की पट्टी फाड़ दी, तो नाचो।

जिंदगी के संघर्षों के बीच भी नाचो।
नाचना तुम्हारे खून में है।
नाचो, जब तुम पूरी तरह से स्वतंत्र हो जाओ।

11
तुम पंखों के साथ पैदा हुए हो,
फिर क्यों जीवन में रेंगना पसंद करते हो?

12
सुरक्षा को भूल जाओ,
वहाँ जिओ जहाँ तुम्हें जीने में भय महसूस होता है।
अपनी कीर्ति को नष्ट कर दो और बदनाम हो जाओ।

13
जब तुम अपनी आत्मा से कार्यों को करते हो,
तब तुम अपने भीतर एक बहती नदी और आनंद को
महसूस करते हो।

14

जब मैं तुम्हारे साथ था, हम सारी रात जागते रहे।
जब तुम यहाँ नहीं हो, मैं सोने नहीं जा सकता।
इन दोनों अनिद्रा की स्थिति के लिए
ईश्वर की प्रशंसा करो और दोनों के बीच तुलना करो।

15

कहानियां सुनकर संतुष्ट मत हो जाओ कि
कैसे लोगों के साथ घटनाएं घटित होती हैं।
अपने काल्पनिक सत्य को खुद उजागर करो।

16

खटखटाओ, वह दरवाजा खोलेगा।
शून्य हो जाओ, वह तुम्हें सूर्य की भांति दीप्तिमान कर देगा।
गिरो, वह तुम्हें उठाकर स्वर्ग तक पहुँचा देगा।
अस्तित्वहीन हो जाओ, वह तुम्हें समग्रता में रूपांतरित कर देगा।

17

कल मैं चालाक था,
इसलिए मैं दुनिया बदलना चाहता था।
आज मैं बुद्धिमान हूँ,
इसलिए मैं स्वयं को बदल रहा हूँ।

18

मेरी आत्मा कहीं और से आई है,
मैं इससे निश्चित हूँ और मैं वहाँ नष्ट होना चाहता हूँ।

19

अपनी चतुराई को त्याग दो और भ्रम को अंगीकार कर लो।

20

उन सभी को नजरअंदाज करो जो तुम्हें भयभीत और उदास करते हैं।
वह तुम्हें बीमारी और मौत की तरह ले जाते हैं।

21

ख़ामोशी ईश्वर की भाषा है,
बाकी सब तुच्छ तजुर्मा है।

22

अपने शब्दों को उद्देलित करो, आवाज़ को नहीं।
यह बारिश ही फूलों को उगाती है, तूफान नहीं।

23

तुम्हारी ही रौशनी में मैंने सीखा कि प्यार कैसे करते हैं।
तुम्हारी खूबसूरती में ही सीखा कि कविताएं कैसे लिखते हैं।
तुम मेरे हृदय में नाचती हो, जहाँ तुम्हें कोई नहीं देखता।

लेकिन कभी कभी मैं देखता हूँ और यह दृश्य एक कला बन जाता है।

24
जहाँ विध्वंस होता है,
वहाँ एक उम्मीद की किरण हमेशा बरकरार रहती है।

25
जो कुछ भी इस ब्रह्मांड में है, वह तुम्हारे भीतर मौजूद है।
खुद से जवाब तलब करो।

26
मैं गाना चाहता हूँ, जैसे पक्षी गाते हैं।
इस बात की फिक्र किये बिना कि कौन सुनेगा और क्या सोचेगा।

27
अपने आप को उस मजबूत आकर्षण से खिंचने दें,
जिससे आप वास्तव में प्रेम करते हैं।

28
जो भी आता है उसके प्रति कृतज्ञ रहो,
क्योंकि हर कोई एक मार्गदर्शक के रूप में कहीं दूर से
भेजा गया है।

29
तुम्हारे हृदय में एक लौ है, उसके दीप्तिमान होने के लिए
तैयार रहो।
तुम्हारी आत्मा में एक रिक्तता है, उसके भरने के लिए
तैयार रहो।
जिसे तुम महसूस करते हो, क्या नहीं करते?

विशेक

30
शब्द केवल ज़रिया है,
यह आंतरिक बंधन है
जो एक व्यक्ति को दूसरे व्यक्ति की ओर खींचता है।

31
यात्राएं साहस एंव बल लाती हैं
और प्रेम हमें जीवन की ओर लाता है।

32
हम जिस सुंदरता से प्रेम करते हैं।
हम वही करें जो हम करते हैं।
यहाँ सैकड़ों तरीके हैं समर्पण और धरा को चूमने के।

33
चिंता से मुक्त हो जाओ,
उसके बारे में सोचो जिसने विचारों को जन्म दिया है।

34
तुम क्यों कैद में रहते हो?
जबकि तुम्हारे अंतर्मन का दरवाजा चौड़ा और खुला है।

35
अपने जीवन को आग में झोंक दो,
उनकी तलाश करो जो तुम्हारी लपटों को हवा करें।

36
अलविदा सिर्फ उन लोगों के लिए है
जो अपनी आंखों से प्रेम करते हैं
क्योंकि जो हृदय और आत्मा के साथ प्रेम करते हैं
उनके लिए जुदाई या विदा जैसा कुछ नहीं होता है

37

एक पूर्ण हृदय को घर ले जाने के लिए
हज़ारों आधे प्रेमियों का त्याग करना होगा

38
हम शून्यता से बाहर आते हैं
और सितारों को धूल की तरह बिखेरते हैं

39
पीड़ा एक तोहफा है
जिसमें दयालुता छिपी होती है

40
बैठो, शांत हो जाओ और सुनो
क्योंकि तुम नशे में हो और हम छत के बिल्कुल किनारे
पर हैं

41

दो लोग कभी संतुष्ट नहीं होंगे
पहला जो दुनिया से प्रेम करता है
दूसरा जो ज्ञान से प्रेम करता है

42

मैं जानता हूँ कि तुम थक गए हो
लेकिन आओ, यही एक रास्ता है

43

या तो मुझे और शराब दो
या तो मुझे एकेला छोड़ दो

44

लोग चाहते हैं कि तुम खुश रहो
तुम अपने दर्द से उनकी सेवा मत करते रहो

यदि तुम अपने पंखों को खोल और अपनी आत्मा को
ईर्ष्या से मुक्त कर सके
तुम और हर कोई जो तुम्हारे आस पास है फ़ाख्ता की
भांति उड़ सकेगा

45

आओ, आओ, तुम जो कोई भी हो
घुम्मकड़, उपासक, त्याग करने वाला प्रेमी
यह मायने नहीं रखता
हमारा काफ़िला निराशाओं का काफ़िला नहीं है
यदि तुमने अपनी प्रतिज्ञाओं को हज़ारों बार तोड़ा है
आओ, अभी फिर से, आओ, आओ

46

कारण जानने के लिए
मैंने पागलपन की अंतिम स्थिति तक जीवन बिताया
एक दरवाजे को खटखटाया जो खुला
मैं भीतर से दरवाजे को खटखटा रहा था

47
पिघलते हुए बर्फ़ की तरह बनो
खुदको खुद से ही धो दो

48
जो कुछ भी तुम हो और जो कुछ भी तुम करते हो
प्रेम में बने रहो

49
उसका चुनाव करो, जो लेखा जोखा नहीं रखता हो
जिसे अमीर होने की चाहत नहीं है और जो खोने से डरता नहीं
जिसे खुदके ही व्यक्तित्व में भी कोई रुचि नहीं है
वही स्वतंत्र है

50
हां, तुम!

कब तुमने स्वयं की एक लंबी यात्रा की शुरुआत की?

51
मुझे सुनो, एक पल के लिए ही
उदासी में शांत हो जाओ
तुम्हारे आस पास उसकी वर्षा हो रही है

52
जब तुम एक मुश्किल वक्त से गुज़रो
जब लगे कि सब कोई तुम्हारा विरोध कर रहे हैं
जब तुम्हें महसूस हो कि
अब तुम और एक क्षण भी बर्दाश्त नहीं कर सकते
कभी हार मत मानो
क्योंकि यही वह समय और स्थान है
जब तुम्हारा कायाकल्प होगा

53
हर उस पुकार का उत्तर दो

जो तुम्हारी आत्मा को उद्देलित करता है

54

प्रेम की अभिव्यक्ति में कारण
शक्तिहीन होता है

55

एक पर्वत अपनी गहराई में एक गूंज रखता है
कुछ इसी तरह मैं तुम्हारी कंठध्वनी को रखता हूँ

56

जो ईश्वर ने गुलाब से कहा था
जिसके कारण वह खिल उठा
उसने मेरे ह्रदय से कहा और
मेरे ह्रदय को सौ गुना सुंदर बना दिया

57

खुद को मौन होनर उस अज़नबी आकर्षण के द्वारा खींचने दो
जिससे तुम वास्तव में प्रेम करते हो
वह तुम्हें पतन की ओर नहीं ले जाएगा

58

दर्द की दवा
दर्द में ही मौजूद है

59

मैंने अपना मुँह बंद कर लिया और
तुमसे ख़ामोशी की अनेकों तरीकों से बात ही

60

इतना भाग्यशाली कौन हो सकता है?

जो झील के पास पानी के लिए आता है और उसमें चांद का प्रतिबिंब देखता है

61
जो तुम्हें दुःखी करता है
वह तुम्हें आशीष देता है
अंधेरा तुम्हारी रोशनी है

62
तुम्हें तब तक अपने हृदय को टूटने देना है
जब तक वह पूर्ण रूप से खुल नहीं जाता

63
तुम हीरे की माला की तलाश में भटके यहां से वहां
लेकिन हीरे की माला तुम्हारे गले में ही थी

64
आनन्दमयी गति के रूप में
तुम समग्र ब्रह्मांड हो

65
ईसाइयत, ज्युश, मुस्लिम, शमन, पारसी, पत्थर, धरा,
मैदान, पर्वत, नदी
हर किसी के पास खुद को रहस्यमयी बनाये रखने का
गुप्त तरीका है
जिन्हें आंका नहीं जाता

66
मैं यहां अपनी वजह से नहीं आया और मैं उस तरीके से
नहीं जी सकता
जिस किसी ने भी मुझे यहां लाया है उसे ही मुझे घर ले
जाना होगा

67

जो पीड़ा तुम महसूस कर रहे हो
वह सभी सन्देशवाहक हैं
उन्हें सुनो

68

सुंदरता हमारे चारों ओर है

69

ख़ामोशी में एक किस्म की वाग्गमीयता है
उफनना बंद करो और देखो कि कैसे यह संरचना विकसित होती है

70

केवल हृदय से ही तुम नभ को छू सकते हो

71

चांद तब तक ही चमकदार रहता है
जब तक वह अंधेरे का प्रतिकार नहीं करता है

72

स्मरण रहे! जिस प्रकार से तुम प्रेम करते हो
उसी प्रकार से ईश्वर तुम्हारे साथ रहते हैं

73

तुम्हारे हाथ खुलते हैं, बंद होते हैं
खुलते हैं, बंद होते हैं
यदि यह हमेशा बंधे रहे या हमेशा खुले रहे
तो तुम्हें लकवा मार जाएगा
बंधने और खुलने में तुम्हारी गहरी उपस्थिति के साथ
दोनों में बेहतर संतुलन हो
जैसे पक्षी के पंख

74

जब तुम हृदय की गहराई में रहने लगते हो
तो तुम्हारे अंतर्मन का दर्पण और साफ होता चला जाता है

75

प्रेम ने मुझसे कहा
यहां ऐसा कुछ भी नहीं है जो मुझमें न हो
ख़ामोश रहो

76

यदि तुम्हारे हृदय में रोशनी की किरण है
तो तुम घर का रास्ता तलाश लोगे

77

मानव और ईश्वर के मध्य अहंकार एक पर्दा है
प्रार्थनाओं में हम सभी एक समान हैं

78
संसार रूपी बगीचे की कोई सीमा नहीं है
केवल तुम्हारे मष्तिष्क को छोड़कर

79
सहनशील कानों से सुनो
करुणामयी आंखों से देखो
प्रेम की भाषा में बोलो

80
प्रेम पूर्णतया है
हम सिर्फ अधूरे हैं

81
नाव को खींचों मत
वाचाल मत बनो, सुनो

शांत रहो
तुम ईश्वर नहीं हो
कान बनने की कोशिश करो
और यदि तुम बोलो
तो स्पष्टीकरण के लिए पूछो

82
जो कोई भी शांत व समझदार है
वह पागल है

83
यदि उपेक्षा के अंधकार में तुम एक व्यक्ति का वास्तविक स्वभाव नहीं पहचान पाए
तो देखो कि किसे उसने अपने मार्गदर्शक के रूप में चुना है

84
कुछ अलग करो

जैसे आत्मसमपर्ण

85

प्रेमियों के घर में संगीत कभी रुकता नहीं है
प्रेमियों के घरों की दीवारें संगीत और फ़र्श नृत्य से बने होते हैं

86

तुम्हारा हृदय समुद्र के आकार का है
गहराई में जाओ और खुद की तलाश करो

87

सिर्फ हृदय की सुंदरता ही चिरस्थायी सुंदरता है

88

रूमी

ख़ामोशी को,
तुम अपनी जिंदगी की गहराई में तुम्हें ले जाने दो

89
प्रेम हर जगह और हमेशा पुकारता है
हम आकाश से बंधे हैं
क्या तुम आ रहे हो?

90
मैं यहां इंतज़ार करूंगा
तुम्हारी चुप्पी के टूटने का
तुम्हारी आत्मा के विचलित होने का
तुम्हारे प्रेम के जागने का

91
जो सिर्फ जड़ों में दिखाई देता है
शायद तुम शाखाओं के बीच में तलाश रहे हो

92
तुम्हारे बिना,
कसम से यह शहर मेरे लिए एक कैद बन गया है

93
तुम खुद के अनुभवों के प्रेमी हो
मेरे नहीं
तुम मेरे पास आये ताकि
तुम अपनी स्वयं की भावनाओं को महसूस कर सको

94
कविताएं खतरनाक हो सकती हैं
विशेष रूप से खूबसूरत कविताएं
क्योंकि वह बिना घटनाक्रम से गुजरे
अनुभव का भ्रम देती हैं

95

अपनी कमजोरियों को उन्हें सौंप दो
जो मदद करते हैं

96

यदि तुम प्यासे हो और कप से पानी पीते हो
तुम्हें उसमें ईश्वर दिखाई देंगे
जो ईश्वर से प्रेम नहीं करते हैं
वह उसमें सिर्फ अपना ही चेहरा देख पाएंगे

97

इस तरह से दीप्तिमान हो जाओ
जैसे तुम समस्त ब्रह्मांड हो

98

मैं तुम्हें शांत और स्वस्थ कर दूंगा
मैं तुम्हारे लिए गुलाब लाऊंगा

मैं भी कांटों से ढका हुआ था

99

एक दफ़े मेरे पास हज़ारों इच्छाएं थीं
लेकिन मेरी एक इच्छा कि
"तुम्हें जानूं" ने अन्य सभी इच्छाओं को पिघला दिया

100

सत्य एक दर्पण है जो ईश्वर के हाथ में था
जो गिरा और कई टुकड़ों में बंट गया
सभी ने एक एक टुकड़ा ले लिया
और उसमें देखने लगे कि उनके पास सत्य है

4. रूमी की कविताएं

रूमी के जीवन के उपरोक्त तीन महत्वपूर्ण परिस्थितियों से जुड़ी हुईं कविताओं को शामिल किया गया है। हालांकि इन कविताओं का रूमी के जीवन के क्रमानुसार क्रमिक रूप से क्रमबद्ध नहीं किया गया है। ऐसा इसलिए नहीं किया गया है क्योंकि कविताओं को एक पाठक किस मानसिक स्थिति से आत्मसात करता है यह महत्वपूर्ण होता है। इस स्थिति में यह मायने नहीं रखता है कि कविताओं का क्रम क्या है, बल्कि यह मायने रखता है कि कविताओं का भावनात्मक और व्यक्तिपरक प्रभाव कितना व्यापक और प्रभावशाली है।

इस पुस्तक में शामिल की गईं रूमी की कविताएं पाठक को एक ऐसे आलोक में लेकर जाएंगी जहां एक पाठक अपने भीतर छिपे हुए साहस, व्यक्तित्व, समग्रता, एकात्मकता, जीवन की जिजीविषा, उदासी का महत्व, प्रेम की सार्थकता, अनुग्रह और अनुकम्पा की मौलिकता और ईश्वर एवं स्वयं का एकात्म स्वरूप से रूबरू होगा। रूमी की यही समग्रता वर्तमान समय में भी इन्हें लोकप्रिय बनाये हुए है। जैसा कि रूमी स्वयं कहते भी हैं कि "तुम मात्र एक बूंद नहीं हो बल्कि एक बूंद में समग्र सागर हो।" किसी भी व्यक्ति के व्यक्तित्व की यह सार्थकता होती है कि वह अपने इस एक बूंद में सागर को कैसे परिलक्षित करता है। फिर चाहे वह इसके लिए प्रेम का मार्ग अपनाए

या किसी के मार्गदर्शन में ईश्वर को पाने के लिए अग्रसर हो या फिर प्रेम की पूर्णतया को प्राप्त करने के बाद ईश्वर में एकात्म हो जाये। यह सभी रास्ते किसी भी व्यक्ति को एक बूंद में सागर बनने के लिए ही बनाये गए हैं ताकि वह अपने विशिष्ट गुणों और सामर्थ्य की तलाश कर सके जो उसके भीतर ही मौजूद है।

5. तुम्हारे पास पंख हैं

तुम सामर्थ्य के साथ पैदा हुए
तुम दयालुता और सच्चाई के साथ पैदा हुए
तुम आदर्शों एवं सपनों के साथ पैदा हुए
तुम अच्छाइयों के साथ पैदा हुए
तुम पंखों के साथ पैदा हुए
तुम रेंगने को मजबूर नहीं हो
इसलिए रेंगो मत
तुम्हारे पास पंख हैं
उसका इस्तेमाल करना सीखो
और उड़ जाओ

6. मेरे दरवाजे पर कौन है?

उसने कहा, मेरे दरवाजे पर कौन है?
मैंने कहा, आपका विनम्र सेवक।
उसने कहा, क्या काम है तुम्हें?
मैंने कहा, आपका अभिवादन करना है, मेरे स्वामी।
उसने कहा, तुम कब तक यात्रा करोगे?
मैंने कहा, जब तक आप मुझे रोक नहीं देते।
उसने कहा, तुम कब तक आग में उबलोगे?
मैंने कहा, जब तक मैं पवित्र न हो जाऊं। यह मेरा प्रेम के प्रति वचन है। प्रेम के खातिर मैंने पैसा और रुतबा त्याग दिया है।
उसने कहा, तुमने अपनी वकालत की लेकिन तुम्हारे पास कोई गवाह नहीं है।
मैंने कहा, मेरे आंसू मेरा गवाह हैं। मेरे चेहरे का पीलापन मेरा सबूत है।
उसने कहा, तुम्हारे गवाहों की विश्वसनीयता नहीं है। तुम्हारी आंखें देखने के लिए बहुत भीगी हुई हैं।
मैंने कहा, आपकी न्याय की भव्यता से मेरी आंखें साफ और निर्दोष हैं।
उसने कहा, तुम क्या तलाशते हो?
मैंने कहा, आपको अपने शाश्वत दोस्त के रूप में पाना।
उसने कहा, तुम मुझसे क्या चाहते हो?
मैंने कहा, आपका अथाह अनुग्रह।

उसने कहा, तुम्हारी यात्रा का साथी कौन था?
मैंने कहा, आपका विचार, मेरे स्वामी।
उसने कहा, तुम्हें यहां क्या खींच लाया?
मैंने कहा, आपकी मदिरा की सुगंध।
उसने कहा, तुम्हें सबसे अधिक तृप्ति किस वस्तु से मिलती है?
मैंने कहा, शासक के साथ होने से।
उसने कहा, तुमने वहां क्या तलाशा है?
मैंने कहा, सैकड़ों चमत्कार।
उसने कहा, महल क्यों वीरान है?
मैंने कहा, सब चोर से डरते हैं।
उसने कहा, चोर कौन है।

7.
इजिप्ट जो वास्तव में नहीं है

मैं वह शब्द कहना चाहता हूँ जो ज्वलंत हो,
जैसे मैंने उन्हें कहा, लेकिन मैं शांत रहा और दोनों दुनिया
को एक मुँह में समा लेने की कोशिश नहीं किया।
मैं अपने राज खुद में एक इजिप्ट में रखता हूँ जो वास्तव
में नहीं है,
यह सही है या गलत है, मैं यह नहीं जानता हूँ।
कई सालों से मैंने यौन प्रेम को त्यागा है,
मेरी आंखों के साथ अब मैं नहीं जानता हूँ।
मैं किसी एक जगह नहीं हूँ,
मेरे पास उसके लिए नाम नहीं है जो मैंने त्यागा है।
जो भी शम्स ने दिया है,
वह तुम मुझसे ले सकते हो।

8. तुम्हारा प्रेम

तुम्हारा प्रेम मेरी आत्मा को शरीर से
आकाश की ओर उठाता है
और तुम मुझे दो दुनिया से
ऊपर उठाते हो
मैं चाहता हूँ तुम्हारा तेज
मेरी रूह की बूंदों तक पहुँचे
इस प्रकार तुम्हारा हृदत मेरी आत्मा को
ऊपर उठा सके एक सर्द की भांति

9. यदि तुम धैर्य रखो

यदि तुम धैर्य रखो, तो मैं तुम्हें
इस पुण्य से मुक्ति दिलाऊंगा।
यदि तुम सो जाते हो, तो मैं तुम्हारी
आंखों को रगड़कर तुम्हारी नींद भगा दूंगा।
यदि तुम पर्वत बनते हो, तो मैं तुम्हें
आग में पिघला दूंगा।
और यदि तुम समुद्र बनो, तो मैं
तुम्हारा सारा पानी पी जाऊंगा।

10. सुख का एक पल

सुख का एक पल
तुम और मैं बरामदे में बैठे हैं।
बाहरी तौर पर दो लेकिन आत्मीय रूप से एक, तुम और मैं।
हम यहाँ जीवन रूपी बहते पानी को महसूस करते हैं।
बगीचे की सुंदरता, चिड़ियों की चहचहाहट, तुम और मैं।
तारे हमें देखेंगे और हम उन्हें दिखाएंगे कि अर्ध चांद होना क्या होता है।
तुम और मैं स्वार्थ से परे हैं, हम एक साथ होंगे।
सभी अनुमानों से भिन्न, तुम और मैं।
जब हम हँसेंगे तुम और मैं, स्वर्ग का तोता हम पर आशीषों की बारिश करेगा।
एकात्मीयता में पृथ्वी के ऊपर, समय और भिन्नता में, एक खूबसूरत स्थान पर।

11. आजीवन

कोई भी समय काल जो अपने मार्गदर्शक को देखे बिना
बीता है,
या तो वह अर्ध मृत्यु है या एक गहरी नींद।
जो पानी तुम्हें दूषित करता है वह विष है,
जो विष तुम्हें शुद्ध करता है वह पानी है।

12. जल की शुद्धता में

जल की शुद्धता में, मैं नमक की
भांति घुल गया।
न अभिशाप, न ही विश्वास
न ही दोषसिद्धि, न ही संदेह बचा।
मेरे हृदय के मध्य में एक तारा
प्रकट हुआ।
और सभी सातों स्वर्ग उसमें
गुम हो गए।

13. ईश्वर का संदेश

तुम्हारा आदर्श ईश्वर का संदेश है।
तुम राजा के चेहरे के समतुल्य हो।
इस दुनिया में ऐसा कुछ भी
नहीं है जो तुममें नहीं हो।
जो कुछ भी तुम चाहते हो
उसके लिए अपने भीतर झांको।
तुम वही हो।

14. तुम्हारे प्रेम से बाहर

तुम्हारे प्रेम से बाहर युवकों का आक्रोश उमड़ेगा,
हृदय में आत्मा का नज़रिया खिलेगा।
यदि तुम मुझे मारने जा रहे हो,
मारो मुझे यह बिल्कुल सही है।
जब दोस्त मारता है,
एक नया जीवन खिल उठता है।

15. प्रेम में

प्रेम में, अनन्त के प्याले से पीने के अलावा कुछ भी महत्व नहीं रखता है,
किसी पर मर मिटने के अलावा जीने का कोई मतलब नहीं है।
मैंने कहा, पहले मैं तुम्हें जानूं फिर मर जाऊं,
उसने कहा, जो मुझे जानते हैं, मृत्यु उनके लिए नहीं है।

16. कितनी देर

कितनी देर तक तुम इस पीड़ादायक जीवन के बारे में सोचोगे?
कितनी देर तक तुम इस नुकसानदेह संसार के बारे में सोचोगे?
तुमसे जो एक वस्तु मैं सकता हूँ, वह तुम्हारा शरीर है।
यह सब बकवास मत कहो और सोचना बंद करो।

17. अंत में

अंत में, कल्पनाओं के शिखर कुछ नहीं थे,
बस एक घर थे।
और मेरा विशाल जीवन और कुछ नहीं,
बस एक निमित्त मात्र था।
तुमनें मेरी कहानी जीवनभर,
बड़े ही धैर्य के साथ सुनी।
अब यह सुनो,
यह सिर्फ एक परियों की कहानी थी और कुछ नहीं।

18. प्रेम जीवन जल है

प्रेम जीवन जल है,
प्रेम के अलावा सभी में सबसे सुंदर ईश्वर हैं।
हालांकि यह अमृत है,
आत्मा की पीड़ा क्या है?
मृत्यु की ओर बढ़ते हुए,
बिना जीवन जल को बाधित किए।

19. एक मोमबत्ती है

मनुष्य के हृदय में एक मोमबत्ती है,
दीप्तिमान होने के इंतजार में।
दोस्त से जुदा होने पर,
यहाँ एक घाव है, जो भरने के इंतजार में है।
ओह! तुम जो धैर्य और प्रेम की धधकती हुई आग से अनजान हो,
प्रेम अपने स्वतंत्र रूप से आता है, यह किसी विद्यालय में नहीं सिखाया जा सकता है।

20. सिर्फ सांस

न ईसाई, न ज्युश या मुस्लिम
नहीं हिन्दू, बौद्‌ध, सूफ़ी या जेन
कोई धर्म नहीं या सांस्कृतिक व्यवस्था
मैं न पूर्व से हूँ न ही पश्चिम से
न ही सागर में से निकला हूँ
न ही प्राकृतिक हूँ न ही नैसर्गिक
न ही अणुओं का मिश्रण हूँ
मेरा अस्तित्व नहीं है
मैं न इस दुनिया न अगली दुनिया का सत्ताधारी हूँ
न ही मैं अदम या ईव या अन्य उत्तपत्ति की कहानी से
निकला हूँ
मेरा स्थान स्थानहीन है
एक चिन्ह जो चिन्ह के बिना है
न ही शरीर न ही आत्मा
मैं प्रिय से सम्बन्ध रखता हूँ
जो दो दुनिया देखी गई है
जैसे एक दूसरे को पुकारते और जानते हो
पहला, आखरी, बाहरी, आंतरिक, सिर्फ यह सांसे, सांस लेते
मानव

21. शांति

इस नूतन प्रेम में मर जाओ
तुम्हारा रास्ता दूसरी तरफ से शुरू होता है
आकाश बन जाओ
एक कुल्हाड़ी से अपने भीतर के कैदखाने की दीवारों को
भेद दो
भाग जाओ
इस तरफ से बाहर आओ जैसे कोई अचानक रंगों जन्मा
हो
अभी करो
तुम घने बादलों से घिरे हो
बाहर निकालो, मर जाओ
और शांत हो जाओ
ख़ामोशी सबसे उत्तम भाव है कि तुम मर गए हो
तुम्हारा पुराना जीवन उत्तेजनावश ख़ामोशी से भागता रहा
पूर्ण अवाक चांद को बाहर, अब बाहर आने दो

22. प्रेम के बिना

प्रेम के बिना जीवनकाल का
कोई महत्व नहीं है
प्रेम जीवन जल है
इसे हृदय और आत्मा के साथ पी जाओ

23. चांद और अंधकार

वह जो वह करता है जो साथी चाहता है,
उसे फिर साथी की आवश्यकता नहीं होगी।
सब कुछ खो देना ही वास्तव में प्राप्ति है,
चांद तभी तक दीप्तिमान रहता है जब तक वह अंधेरे को नकारता नहीं है।
एक गुलाब की दुर्लभ सुगंध,
उसके कांटों में रहती है।

24. आत्माओं का समुदाय

यहाँ एक आत्मा का समुदाय है
इससे जुडो और शोर से भरे
सड़क पर चलो, शोर हो जाओ
अपने भावावेश को पी जाओ
और अपमानित हो जाओ
अपनी दोनों आंखें बंद करो
और अन्य आंखों से देखो

25. गत रात्रि

गत रात्रि तुमने मुझे छोड़ दिया
और अपनी गहरी नींद में सो गए
आज रात तुम मेरी तरफ मुड़े और मुड़े
मैंने कहा, तुम और मैं एक साथ रहेंगे
जब तक इस ब्रह्मांड का अंत न हो जाये
तुम उन बातों को वापिस बुदबुदाती हो
जिनके बारे में तुमने सोचा था

26. ह्रदय की सुंदरता

ह्रदय की सुंदरता
चिरकालिक सुंदरता है
इसके होंठ जीवन जल
को पीने के लिए दिए गए हैं
सच में यही वह जल है
जो उड़ेला जाता है और दिया जाता है
सभी तीन एक हो जाते हैं, जब तुम्हारा जंतर टूट जाता है
और एकात्म हो जाता है, जिसका तुम कारण नहीं जान
सकते

27. मोमबत्ती

एक मोमबत्ती इसलिए बनी है ताकि वह पूर्ण रूप से
दीप्तिमान हो
इस तिरस्कारपूर्ण पल में इसके पास कोई परछाई नहीं है
यह सब रोशनी की जिव्हा है और कुछ नहीं
जो आश्रय की व्याख्या कर रही है
यह देखो,
अभी अभी बुझी हुई मोमबत्ती की ठूँठ, जैसे कोई अंततः
नैतिकता और वाक से बचा हो
अभिमान और शर्म
हम इससे दावा करते हैं

28. प्रिय का जीवन जल

प्रिय के जीवन जल से कोई रोग नहीं बचता
प्रिय के गुलाबों के बगीचे में कोई कांटा नहीं है
उन्होंने कहा, वहाँ एक हृदय से दूसरे हृदय तक के लिए
एक खिड़की है
वहाँ एक खिड़की कैसे हो सकती है
जहाँ कोई दीवार नहीं बचती?

29. दो दोस्त

एक व्यक्ति दोस्त के दरवाजे पर आया और दरवाजा खटखटाया।
कौन है वहाँ?
मैं हूँ।
यहाँ से चले जाओ, यहाँ तुम्हारे लिए जगह नहीं है।
वह व्यक्ति चला गया और एक साल तक भटकता रहा।
कुछ और नहीं लेकिन वियोग की आग, ढोंग और अहंकार को बदल सकती है।
वह व्यक्ति लौटा, पूरी तरह से परिष्कृत होकर।
दोस्त के घर के सामने वह ऊपर नीचे चलता रहा और विनम्रता से दरवाजा खटखटाया।
कौन है यह?
तुम हूँ।
प्रसन्नतापूर्वक भीतर आओ "मैं"।
इस घर में दो लोगों के लिए कोई जगह नहीं है।

30. तुम्हारी पहली आंखें

एक प्रेमी के भीतर चार धाराएं होती हैं। पानी की, शराब की, शहद और दूध की।
अपने भीतर इनकी तलाश करो और उस पर ध्यान दो।
प्रेमी, प्रेमी के बारे में क्या कहता है।
गुलाब को अगर कोई कांटा या चमेली कहता है तो उसे कोई फ़र्क नहीं पड़ता है। साधारण आंखें मनुष्यों को श्रेणीबद्ध करती हैं। यह पारसी है, यह एक मुस्लिम है। अपनी अन्य दृष्टिकोण के साथ चलो जो तुम्हें दी गई है, तुम्हारी पहली आंख।
तिरछी आंखों से मत देखो और गिद्ध की भांति अंधेपन से मत घूरो।
जो आग से प्रेम करते हैं, आग में कूद पड़ते हैं।
एक मक्खी किनारे से मठ्ठा में गिर जाती है।
यदि तुम अनन्त के साथ प्रेम में हो तो पृथ्वी को वर्षा के जल से घुलने पर क्यों शोकाकुल हो?
झुकना मानव का सार है। एक रेगिस्तान युद्ध का खून पीता है, लेकिन यदि तुम यह रहस्य जानते हो तो वसंत में गुलाबों का बगीचा उगेगा।
लोगों के सही गलत का मूल्यांकन करके खुश मत रहो। इससे ऊपर उठो।
सबसे बेहतरीन अनुग्रह है कि शम्स ने धरा में शक्ति का संचार किया है।

विशेक

चलो, इंतजार करें और इंतजार में भरोसा रखें।

31.
यह जो अभी हमारे पास है

यह जो अभी हमारे पास है,
कल्पना नहीं है।
यह न दुःख है और न ही आनन्द है एक मूल्यांकन है,
आशावादिता और न उदासी की अवस्था है।
जो आते और चले जाते हैं,
यह वर्तमान है जो नहीं है।

32. दो दुकानों की देखभाल

छुपने के लिए एक छेद की तलाश में दुनिया के चक्कर मत काटो,
यहाँ हर गुफा में खूंखार आदमखोर जानवर है।
यदि तुम चूहे के साथ रहते हो,
तो बिल्लियां तुम्हें तलाश लेंगी।
वास्तविक आराम तभी मिलेगा,
जब तुम ईश्वर के साथ अकेले हो जाओ।
यहाँ तुम्हारा पता भी है फिर भी,
तुम वहाँ रहो जहाँ से तुम आये हुए हो।
इसलिए आप चीजों को दो तरीके से देखते हो,
कभी कभी आप एक व्यक्ति को देखते हो और देखते हो कि यह तो एक कुटिल सांप है।
कोई और एक आनन्दित प्रेमी देखता है और तुम दोनों ही सही हो,
हर कोई आधा आधा है, एक काले और सफेद बैल की तरह।
अमन अपने भाई के मुकाबले बदसूरत दिखाई देता है,
लेकिन अपने पिता के मुकाबले कहीं अधिक सुंदर है।
तुम्हारे साथ आंखे हैं जो यहाँ तक देखती हैं और आंखे जो दूसरों का आंकलन करती हैं,
कितना ऊंचा और कितना नीचा है।
तुम दो दुकानों के मालिक हो,

और तुम आगे भागते हो।
कोशिश करो उस एक दुकान को बंद करने की जो एक
दुकान भयानक पिंजरा है और छोटा होता जा रहा है,
इस तरह तुम उसे मात दे दो।
दूसरी दुकान खोले रखो,
जहाँ तुम अब मछली पकड़ने का कांटा नहीं बेचोगे क्योंकि
तुम एक स्वतंत्र तैरने वाली मछली हो।

33.
एक पुरुष और एक महिला

रेगिस्तान में एक रात्रि को
एक गरीब खानाबदोश महिला अपने पति से यह कहती है कि
सिर्फ हमें छोड़कर हर कोई खुश और समृद्ध है। हमारे पास रोटी नहीं है, हमारे पास मसाले नहीं हैं, हमारे पास पानी से भरा जग नहीं है, हमारे पास मुश्किल से कपड़े हैं पर कोई कंबल नहीं है।
रात में हमनें यह सपना देखा कि पूरा चांद एक केक है। हमनें उसे पाने की कोशिश की। हम भिखारियों से भी अधिक लज्जित हैं। हर कोई हमारा तिरस्कार करता है।
अरब के पुरुषों को माना जाता है कि वह शक्तिशाली योद्धा हैं। लेकिन खुद को देखो, इधर उधर ठोकरें खा रहे हो। यदि कोई अतिथि हमारे पास आये तो जब वह सो जाएगा तब हम उसके कपड़े चुरा लें। कौन तुम्हारा पथ प्रदर्शक है जो तुम्हें यहाँ लाया है? हम एक मुट्ठी मसूर की दाल भी नहीं ले सकते। दस साल का कोई मोल नहीं है, हम यहीं हैं।
वह बोलती गई, बोलती गई।
यदि ईश्वर पूर्ण हैं, हम अवश्य ढोंग का अनुसरण कर रहे हैं। हमें कौन आगे बढ़ा रहा है? कौन ढोंगी हमेशा कहता

है, कल एक ज्योत प्रभा तुम्हारे लिए खजाना लाएगी, कल।

जैसा कि सभी जानते हैं कि वह कभी नहीं आएगा। इसलिए मैंने अनुमान लगाया है कि यह कभी कभी दुर्लभ ही होता है कि एक शिष्य जो एक ढोंगी का अनुसरण कर रहा है। किसी तरह ढोंग से आगे निकल सके। लेकिन अब भी मैं यह जानना चाहती हूँ कि आखिर यह क्षति हमारे बारे में क्या कहती है।

अंततः पति उत्तर देता है।

तुम कब तक पैसों और हमारी पैसों की सम्भावनाओं के लिए शिकायत करोगी? हमारे जीवन की धारा अधिकांश बीत चुकी है। क्षणिक वस्तुओं के लिए चिंता मत करो।

सोचो जानवर कैसे रहते हैं।

शाख पर बैठ कबूतर शुक्रिया कर रहा है। कोयल का श्रेष्ठ गायन। पिस्सू, हाथी, हर जीवित प्राणी अपने पोषण के लिए ईश्वर में विश्वास करता है।

यह जो पीड़ा तुम अनुभव कर रही हो यह सन्देशवाहक हैं। इन्हें सुनो, इन्हें माधुर्य में परिवर्तित कर दो। अधिकांश रात बीत चुकी है। तुम एक बार फिर से तरुण और आनन्दित हो। अब तुम हर समय पैसों के बारे में सोचते हो।

तुम पैसों की आदि हो गई हो। तुम एक स्वस्थ मदिरा थी।

अब तुम एक सड़ा हुआ फल हो गई हो। तुम्हें दिन प्रतिदिन मीठा और आकर्षक होना चाहिए था लेकिन तुम खराब हो गई हो। मेरी पत्नी के रूप में तुम्हें मेरे बराबर होना चाहिए। एक जूतों की जोड़ी की तरह, यदि एक बहुत कठोर है तो दूसरे का कोई काम नहीं है।

दो मुड़ने वाले दरवाजे की तरह। हम अलग नहीं हो सकते।
एक शेर मादा भेड़िए के साथ संभोग नहीं करता।
इस तरह जो आदमी गरीब होते हुए भी खुश था। भोर तक अपनी पत्नी को डांटता है। जब वह प्रतिक्रिया देती है और कहती है कि मुझसे बात मत करो।
अपनी सर्वोच्चता के बारे में, देखो तुम कैसे कार्य करते हो। आध्यात्मिक अभिमान सभी चीजों में सबसे अभद्र है। यह एक ऐसे दिन की तरह है जो सर्द और बर्फ़ीला है और तुम्हारे कपड़े भी गीले हैं।
बहुत कुछ सहना पड़ता है और तुम मुझे अपनी पत्नी मत कहो, पाखण्डी। तुम कुत्तों से हड्डी के लिए हाथापाई करते हो। तुम सन्तुष्ट नहीं हो जैसा कि तुम होने का नाटक करते हो। एक ही समय में तुम सांप और सपेरा दोनों हो। लेकिन तुम यह जानते नहीं हो। तुम पैसों के लिए सांप के आगे बीन बजा रहे हो और सांप तुम्हारे आगे बीन बजा रहा है।
तुम ईश्वर के बारे में खूब बात करते हो और तुमनें मुझे अपने शब्दों से कसूरवार ठहरा दिया है। बेहतर होगा कि तुम ध्यान दो कि यदि तुम इन शब्दों का इस्तेमाल मुझ पर काबू पाने के लिए करते हो तो यह शब्द तुम्हें मार डालेंगे।
तो इस प्रकार जब कर्कश आवाज पति सुनता है तो वह प्रतिउत्तर देता है।

औरत,

यह गरीबी मेरा गहरा सुख है। इस प्रकार का मेरा जीवन ईमानदार और खूबसूरत है। जब हम इस तरह होते हैं तब हम कुछ नहीं छिपाते हैं। तुम कहती हो मैं अभिमानी और

लोभी हूँ। तुम कहती हो कि मैं सपेरा और सांप हूँ लेकिन यह तुम्हारे उपनाम हैं।

तुमने अपनी चाहत और आक्रोश में यह अवगुण मुझमें देखा है। मैं इस दुनिया से कुछ नहीं चाहता। तुम वह बच्ची हो जो गोल गोल घूमती है और सोचती है कि घर घूम रहा है।

यह तुम्हारी आंखे हैं जो गलत देखती हैं। धैर्य रखो और तुम देखोगी हम जैसे रहते हैं उसमें ईश्वर की अनुकम्पा और रोशनी मौजूद है।

यह बहस पूरे दिन चलती रही यहाँ तक कि इससे भी लम्बी।

बातों से भरी एक रात पीड़ा देती है। हर चीज प्रेम या बिना प्रेम के किया जाता है। यह रात भी बीत जाएगी। फिर हमारे पास काम है करने के लिए।

34. सोलोमन से शीबा

सोलोमन ने शीबा के दूतों से कहा, मैं तुम्हें उसके पास दूत के रूप में वापस भेजता हूँ।

बताएं उसे कि सोने के तोहफे से इंकार करना स्वीकृति से बेहतर है।

क्योंकि इसके साथ वह सीख सकती है कि हम क्या मूल्य रखते हैं। वह अपने सिंहासन को प्रेम करती है लेकिन वास्तव में वह उसे रखती है। उस रास्ते के द्वारा जो उसे वैभव की ओर ले जाता है।

उसे बताओ एक समर्पित झुकाव प्रीतिकर है सैकड़ों साम्राज्यों के मुकाबले। यह अपने आप में साम्राज्य है। इब्राहिम की तरह अस्थिर और आवारा हो जाओ। जिसने अचानक सब कुछ खो दिया।

एक संकीर्ण कुएं में वस्तुएं पीछे की ओर दिखाई देती हैं जैसे वह हैं।

कंकड़, पत्थर खजाना प्रतीत होते हैं, जैसे टूटे हुए मिट्टी के बर्तनों को बच्चे खरीदने और बेचने का नाटक करते हैं।
उससे कहो, अमन ऐसे ही कुएं में बैठा फिर वह रस्सी लेने के लिए पहुँचा जो एक नई समझ के लिए उठी।

जीवन के बदलने की रसविद्या ही केवल सत्य है।

35. एक दूरी

मैं बहानों के साथ आया हूँ। तुमने अपने कान बंद कर रखें हैं। इस प्रकार मैं सभी कठिनाइयों को स्वीकार करूँ।
यदि तुम कहते हो कि मैं वास्तव में नहीं हूँ,
मैं आभारी रहूंगा।
जब यह लालसा मुझे बदनाम बनाती है। तब मेरे पास थोड़ा आत्मसम्मान है।
यह अंगूर फिर शराब बनने शुरू होते हैं, जैसा कि तुमने कहा, दबाव जरूरी है तुम्हारे पैरों के खुलने के लिए।

36. छाती में गुफा

इस दिसम्बर, इस जुदाई में हर दिन वसंत की आशा में, शहर दर शहर मुझे नकारते गए, क्योंकि मैंने एक राजकुमार की सेवा की।

मेरी दुकान और घर को तोड़कर गिरा दिया गया, क्योंकि मैंने कंद पुष्प उगाए।

मैंने अजनबियों से तीक्ष्ण अपमान सहे, क्योंकि एक नगीने वाला पर्वत मेरे भीतर है। जो खदान से नहीं निकाला जा सकता। तब भी मैं अपना सामान फैलाते रहा।

तुम कहते हो, क्या तुम यह असफलता और बिना घर की पीड़ा को बिना आराम के सह लोगे?

हां, क्योंकि मेरी छाती एक गुफा है। जहाँ शम्स तबरेज़ आराम फरमा रहे हैं।

37. पहली प्रेम कहानी

जिस क्षण मैंने अपनी पहली प्रेम कहानी सुनी
मैंने तुम्हारी तलाश करनी शुरू कर दी
इस बात से नावाक़िफ़ कि यह कितना मूर्खतापूर्ण है
प्रेमी अंततः कहीं नहीं मिलते
वह हमेशा एक साथ एक दूसरे के पास रहते हैं

38.
जब मैं तुम्हारे साथ था

जब मैं तुम्हारे साथ था
हम सारी रात जागते रहे
जब तुम यहाँ नहीं हो
मैं सोने नहीं जा सकता
इन दोनों अनिद्रा की स्थिति के लिए ईश्वर की प्रशंसा करो
और दोनों के बीच तुलना करो

39.
मैं तुम्हें देखना चाहता हूँ

मैं तुम्हें देखना चाहता हूँ
तुम्हारी आवाज़ को पहचानना
तुम्हें पहचानना जब तुम
पहली बार मेरे पास आई
उस कमरे में तुम्हारी उपस्थिति की अनुभूति
जिस कमरे में जब मैं दाखिल हुआ
लेकिन तुम जा चुकी थी
जानने तुम्हारी एड़ियों का उठना
तुम्हारे पैरों का सरकना
जिस तरह से तुम अपने होठों को सिकोड़ती हो
उससे सुविदित होने, उन्हें अलग होने दो
थोड़ा बहुत ही सही
जब मैं तुम्हारे फांसले में झुकूं
और तुम्हें चूम लूं
मैं उस आनंद को महसूस करना चाहता हूँ
कि कैसे तुम बुदबुदाती हो

40. ओह! आत्मा

ओह! आत्मा
तुम बहुत चिंता करते हो
तुमने अपनी क्षमता देखी है
तुमने अपनी सुंदरता देखी है
तुमने अपने सुनहरे पंखों को देखा है
इसके बावजूद भी
तुम क्यों चिंता करते हो?
तुम सच्चे हो
आत्मा! आत्मा! आत्मा!

41. अकेलापन

यह अकेलापन,
हज़ारों जिंदगियों से अधिक मूल्यवान है।
यह स्वतंत्रता,
पृथ्वी पर सभी ज़मीनों से अधिक मूल्यवान है।
एक पल के लिए सच्चाई के साथ होना,
इस दुनिया और खुदकी जिंदगी से अधिक मूल्यवान है।

42. बेसुध मत रहो

बह रही हवाओं के पास रहस्य है,
जो तुमसे कहना है।
बेसुध मत रहो
लोग पीछे जाते हैं,
दरवाजों के पार जहाँ दो दुनिया एक दूसरे को छूती है।
बेसुध मत रहो
दरवाजा वृत्ताकार और,
खुला हुआ है।
बेसुध मत रहो

43. वफादार

तुम वफादार होने की कोशिश करते हो और कभी कभी
तुम निर्दयी हो जाते हो
तुम मेरे हो
और फिर तुम चले गए
तुम्हारे बिना मैं पार नहीं पा सकता
और फिर तुमने रास्ता पकड़ लिया
मैं तुम्हारे कदम बन गया
तुम्हारी अनुपस्थिति एक रिक्त स्थान छोड़ती है
तुम्हारे बिना मैं पार नहीं पा सकता
तुमनें मेरी नींद में खलन डाल दिया है
तुमनें मेरी आकृति को विकृत कर दिया है
तुमनें मुझे अलग रख दिया
तुम्हारे बिना मैं पार नहीं पा सकता

44. दुःख

दुःख तुम्हें आनंद के लिए तैयार करता है। यह तुम्हारे भीतर से उग्रतापूर्वक सभी चीजों को निकाल बाहर करता है ताकि नया आनंद तुम्हारे भीतर प्रवेश करने के लिए जगह की तलाश कर सके। यह तुम्हारे हृदय की टहनियों से पीले पत्तों को हिलाकर गिरा देता है ताकि उन जगहों पर हरे पत्ते उग सकें। यह सड़े गले जड़ों को खींचकर बाहर फेंक देता है। ताकि छुपे हुए नए जड़ों को उगने के लिए जगह मिल सके। दुःख जो कुछ भी तुम्हारे हृदय से झकझोरकर बाहर करता है। उससे भी बेहतरीन वस्तुएं उस स्थान पर आ जाती हैं।

45. कलाकार

तुम्हारे भीतर एक कलाकार है
जिसके बारे में तुम नहीं जानते हो
जल्दी से हां कहो
यदि तुम जानते हो
यदि तुम उसे कायनात की शुरुआत से जानते हो

46. प्रेम लापरवाह है

प्रेम लापरवाह है, कारण नहीं
कारण फायदे की तलाश करता है
प्रेम दृढ़ता के साथ आता है
अनासक्त रूप से ग्रसित
फिर भी
पीड़ा के मध्य में प्रेम एक
मील के पत्थर की भांति
आगे बढ़ता है
कठोर सतह और सीधा
खुद के कारण से मरा हुआ
वह अपना सब कुछ दांव पर
लगाकर भी कुछ नहीं मांगता है
ईश्वर के दिये हर तोहफे पर
प्रेम जुआ खेलता है
बिना कारण, ईश्वर ने हमें जो दिया
बिना कारण, फिर से ईश्वर ने हमें दे दिया

47. तुम नहीं जान पाओगे

तुम मुझे समझो जितना तुम समझ सकते हो, लेकिन तुम मुझे नहीं जान पाओगे
मैं सैकड़ों प्रकार से भिन्न हूँ, जो तुम देखते हो कि मैं हूँ
खुद को मेरी आंखों के पीछे रख लो और मुझे देखो जैसे मैं खुद को देखता हूँ
मैं उस जगह रहता हूँ, जहाँ तुम मुझे नहीं देख सकते

48. प्रेमी

प्रेमी को अकीर्तिकर, पागल और अनमना हो जाने दो
कोई संयमी चिंतित होगा कि परिस्थितियां और बुरी होने वाली हैं
प्रेमी को हो जाने दो

49. चांद और खिड़की

रात में मैंने खिड़की खोला और चांद को आने का न्योता दिया और अपना चेहरा मेरे चेहरे के नज़दीक लाने के लिए कहा
मुझमें सांस लेने के लिए कहा
भाषाई द्वार बंद कर दिया और प्रेम की खिड़की खोल दी
चांद ने दरवाजे का इस्तेमाल नहीं किया
बल्कि खिड़की से आया
चांद और खिड़की
रात में मैंने खिड़की खोला और चांद को आने का न्योता दिया और अपना चेहरा मेरे चेहरे के नज़दीक लाने के लिए कहा
मुझमें सांस लेने के लिए कहा
भाषाई द्वार बंद कर दिया और प्रेम की खिड़की खोल दी
चांद ने दरवाजे का इस्तेमाल नहीं किया
बल्कि खिड़की से आया
चांद और खिड़की
रात में मैंने खिड़की खोला और चांद को आने का न्योता दिया और अपना चेहरा मेरे चेहरे के नज़दीक लाने के लिए कहा
मुझमें सांस लेने के लिए कहा
भाषाई द्वार बंद कर दिया और प्रेम की खिड़की खोल दी
चांद ने दरवाजे का इस्तेमाल नहीं किया

बल्कि खिड़की से आया
चांद और खिड़की
रात में मैंने खिड़की खोला और चांद को आने का न्योता
दिया और अपना चेहरा मेरे चेहरे के नज़दीक लाने के लिए
कहा
मुझमें सांस लेने के लिए कहा
भाषाई द्वार बंद कर दिया और प्रेम की खिड़की खोल दी
चांद ने दरवाजे का इस्तेमाल नहीं किया
बल्कि खिड़की से आया
चांद और खिड़की
रात में मैंने खिड़की खोला और चांद को आने का न्योता
दिया और अपना चेहरा मेरे चेहरे के नज़दीक लाने के लिए
कहा
मुझमें सांस लेने के लिए कहा
भाषाई द्वार बंद कर दिया और प्रेम की खिड़की खोल दी
चांद ने दरवाजे का इस्तेमाल नहीं किया
बल्कि खिड़की से आया
चांद और खिड़की
रात में मैंने खिड़की खोला और चांद को आने का न्योता
दिया और अपना चेहरा मेरे चेहरे के नज़दीक लाने के लिए
कहा
मुझमें सांस लेने के लिए कहा
भाषाई द्वार बंद कर दिया और प्रेम की खिड़की खोल दी
चांद ने दरवाजे का इस्तेमाल नहीं किया
बल्कि खिड़की से आया
चांद और खिड़की

रात में मैंने खिड़की खोला और चांद को आने का न्योता दिया और अपना चेहरा मेरे चेहरे के नज़दीक लाने के लिए कहा
मुझमें सांस लेने के लिए कहा
भाषाई द्वार बंद कर दिया और प्रेम की खिड़की खोल दी
चांद ने दरवाजे का इस्तेमाल नहीं किया
बल्कि खिड़की से आया
चांद और खिड़की
रात में मैंने खिड़की खोला और चांद को आने का न्योता दिया और अपना चेहरा मेरे चेहरे के नज़दीक लाने के लिए कहा
मुझमें सांस लेने के लिए कहा
भाषाई द्वार बंद कर दिया और प्रेम की खिड़की खोल दी
चांद ने दरवाजे का इस्तेमाल नहीं किया
बल्कि खिड़की से आया

50. क्या तुम जानते हो?

क्या तुम जानते हो?
तुम एक पवित्र पत्र की पांडुलिपि हो
तुम एक दर्पण हो
जिसमें एक सभ्य चेहरा प्रतिबिंबित होता है
यह संसार तुम्हारे बाहर नहीं है
अपने भीतर झांको
जो कुछ भी तुम चाहते हो
वह तुम पहले से ही हो
क्या तुम जानते हो?
क्या तुम जानते हो?
तुम एक पवित्र पत्र की पांडुलिपि हो
तुम एक दर्पण हो
जिसमें एक सभ्य चेहरा प्रतिबिंबित होता है
यह संसार तुम्हारे बाहर नहीं है
अपने भीतर झांको
जो कुछ भी तुम चाहते हो
वह तुम पहले से ही हो

51. एक दिन

एक दिन
जब हवा अनुकूल होगी
तब पाल को महज़ खोलना होगा
और फिर पूरी दुनिया
खूबसूरत प्रतीत होगी
आज वह दिन है

52.
जो कुछ भी खो गया है

एक आंख का आशय है कि वह चीजों को देखे
आत्मा यहाँ अपने आनंद के लिए है
एक मस्तिष्क का सिर्फ एक कार्य है कि
वह एक सच्चे प्रेम को प्रेम करे
पैर जो उसके पीछे पीछे दौड़े
प्रेम अर्थात आसमान में अंतर्धान हो जाना है

53. मैं मर गया था

मैं मर गया था
फिर जिंदा हो गया
रोया, फिर हंसने लगा
प्रेम की क्षमता मुझमें आ गई
और मैं शेर की भांति भयंकर बन गया
फिर मैं शाम के तारे की भांति संवेदनशील हो गया

54. सम्पादक एवं अनुवादक के बारे में

विशेक

विशेक उत्तर प्रदेश के गोरखपुर जिले के एक छोटे से गांव में पैदा हुए हैं। वर्तमान में दिल्ली में रहते हैं और दिल्ली विश्वविद्यालय से हिंदी पत्रकारिता एवं जनसंचार विषय से स्नातकोत्तर की पढ़ाई कर रहे हैं।

अभी तक विशेक की दो कहानी संग्रह "सवा इंच प्यार, यादों का इतिहासकार" और एक कविता संग्रह "नेपथ्य में विलाप" प्रकाशित हो चुकी है। जो ऐमज़ॉन और फ्लिपकार्ट

पर उपलब्ध है। इसके साथ ही विशेक ने विश्व प्रसिद्ध लेखक खलील जिब्रान की उत्कृष्ट पुस्तक "मैड मैन" और जर्मनी के महान दार्शनिक फ्रेडरिक नीत्शे की दुर्लभ कविताओं का हिंदी भाषा में अनुवाद भी किया है। जो "पतझड़" नाम से अमेज़न और फ्लिपकार्ट पर उपलब्ध है।

55. संदर्भ-सूची

1. Mansnawi by Rumi
2. The Divani Shamzi by Tabriz
3. Mathnawi by Rumi
4. Rumi:- In the arms of the beloved by Jonathan Star
5. Thief of sleep by Rumi
6. Book's front cover photo credit:- GulCanKaradag

www.ingramcontent.com/pod-product-compliance
Lightning Source LLC
La Vergne TN
LVHW041711060526
838201LV00043B/684
9798888055915